PROPOSITION

AU SUJET DE LA CRÉATION

D'UN

ASILE D'ALIÉNÉS

POUR LE DÉPARTEMENT DE LA MOSELLE

ADRESSÉE

A M. LE PRÉFET

A M. LE PRÉSIDENT

ET

A MM. LES MEMBRES DU CONSEIL GÉNÉRAL

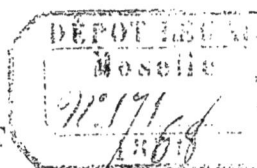

PAR

M. le docteur **WARIN**

Médecin des hôpitaux & hospices civils de la ville de Metz
Médecin de l'institution libre de Saint-Clément
Médecin de l'administration des douanes & de la poudrerie impériale
Membre de plusieurs sociétés savantes nationales & étrangères

—◆◆◆—

TYPOGRAPHIE ROUSSEAU-PALLEZ, ÉDITEUR

Libraire de l'Académie Impériale

RUE DES CLERCS, 14

—

1868

Messieurs,

A l'époque de la session du Conseil général, en 1861, j'eus l'honneur d'écrire à M. le Préfet de la Moselle une longue lettre dans laquelle je cherchais à démontrer l'utilité, pour notre département, de posséder, tout en obtenant un allégement notable dans les dépenses, un asile où ses aliénés seraient recueillis. Le dépôt de mendicité de Gorze semblait propre à devenir un hospice pour le traitement immédiat des aliénés non dangereux, des incurables, des idiots.

Je cherchais aussi à exposer comment cet établissement pouvait être utilisé pour cette nouvelle destination spéciale, tout en disposant à côté le dépôt de mendicité.

Lorsque j'adressais cette communication à M. le Préfet, je n'ignorais pas que, sur les instances de l'administration supérieure, tous les idiots considérés comme aliénés devaient être dirigés sur Maréville; quoique évidemment leur place fût tout aussi bien dans les hospices, dans les dépôts de mendicité, puisqu'ils sont presque tous inoffensifs et certainement incurables.

Depuis que les asiles regorgent de malades, bien que certains d'entre eux aient pris un développement très considérable, on a compris qu'il faut diminuer cette population agglomérée, que l'intérêt des malades le commande; tous les hygiénistes signalent les graves inconvénients qui résultent de l'encombrement, d'un établissement hospitalier, par un trop grand nombre d'individus.

Si je m'étais permis, en 1861, d'appeler l'attention de M. le Préfet sur cette grave question, c'est que j'étais convaincu, comme je le suis encore aujourd'hui, qu'un département doit avoir son asile d'aliénés; que son premier magistrat doit connaître tout ce qui se passe dans l'asile et se faire rendre compte souvent de l'état mental des aliénés. Je ne veux, pour appuyer cette opinion, que vous citer deux exemples .qui justifieront ce que j'avance.

En 1860, deux aliénés du département s'évadent de Maréville. Ils sont bientôt réclamés par l'administration de cet asile. L'un d'eux, nommmé C*** (Pierre), arrêté à Metz, est envoyé, le 14 juillet, à Saint-Nicolas où M. le Préfet le met en observation. Sur un rapport motivé du médecin de service à l'hospice de Metz, C*** est mis en liberté le 31 juillet 1860. Depuis lors il continue à travailler comme ouvrier tailleur dans la même maison; il n'a pas donné le moindre sujet de plainte, que je sache. D'un caractère bizarre, cet homme n'aime pas à être contrarié; mais, en somme, il vit au milieu de ses camarades, donne à ses patrons la preuve qu'il est ouvrier habile et laborieux, et gagne de très bonnes journées. A Maréville, C*** était constamment employé à l'atelier des tailleurs.

L'autre évadé de Maréville, le nommé L*** (Hippolyte), fut arrêté et amené, le 25 octobre 1860, à Saint-Nicolas, où il fut mis en observation médicale. Sur un rapport motivé du médecin de service à l'hospice, cet homme fut encore mis en liberté, par arrêté de M. le Préfet en date du 27 novembre 1860.

A Maréville, L*** était occupé au jardinage; cet homme était intelligent, et pendant son séjour à Saint-Nicolas le médecin a pu constater combien L*** pouvait rendre de services dans un établissement hospitalier. Qu'est devenu cet homme ? Je l'ignore ; toujours est-il qu'il ne fait pas actuellement partie de la population des aliénés de notre département.

En créant, dans la Moselle, un asile spécial pour les aliénés, l'administration départementale, ainsi que le Conseil général, accompliraient une œuvre éminemment utile. Avec une bonne administration de l'asile, de notables économies seraient réalisées. Le chiffre des dépenses, tel qu'il est actuellement, serait de beaucoup allégé.

Permettez-moi, Messieurs, de vous citer à ce sujet l'opinion d'un éminent aliéniste, M. le docteur Parchappe, qui, dans l'article « asile des aliénés » du *Dictionnaire encyclopédique des sciences médicales*, s'exprime ainsi :

« L'organisation de nos asiles, au point de vue financier et économique, a pour conséquence de rendre possible, au moyen d'une administration habile, le solde annuel des budgets par un excédant des recettes. Dans ceux de ces asiles dont la population dépasse 300 malades, lorsque le prix d'entretien pour les indigents atteint ou dépasse un franc, et surtout lorsque la proportion des pensionnaires au compte des familles est considérable, cet excédant de recettes annuelles peut s'élever jusqu'à 10,000 francs, même au-delà, sans que ce bénéfice ait été obtenu aux dépens du bien-être des malades. C'est par suite de cette condition financière qu'un grand nombre d'asiles ont pu réaliser des économies considérables, qui, en s'accumulant, se sont, pour plusieurs d'entre eux, élevées successivement jusqu'à plusieurs centaines de mille francs. Pour beaucoup d'établissements ces ressources ont fourni les moyens de leur appropriation, de leur agrandissement, sans que les départements aient eu à concourir par des subventions à des dépenses souvent considérables. Il en a été ainsi pour les asiles de Saint-Yon, de Cadillac, de Bordeaux, de Maréville, de Blois, de Saint-Gemmes, etc. »

Si, avec une population de 300 malades aliénés, un asile bien administré peut arriver à un excédant de recettes de 10,000 fr. le chiffre que j'avais indiqué dans ma note de 1861 n'était pas trop élevé, puisque dans mon projet il ne s'agissait que des aliénés incurables non dangereux et des idiots, tandis que M. le docteur Parchappe comprend toutes les catégories d'aliénés ; et bien évidemment ceux qui sont en traitement augmentent singulièrement les dépenses.

Il ne faut pas confondre les dépenses occasionnées par un établissement où se trouvent des aliénés non dangereux, incurables, et des idiots, avec ceux qui ordinairement ne renferment que des hommes valides. Ces malades réclament l'emploi d'agents thérapeutiques, des bains fréquents, un personnel nombreux pour exercer une surveillance active et intelligente, moyens inutiles pour les premiers : de là une différence notable dans le prix de journée.

Depuis bien des années je suis attentivement les questions qui se rattachent aux aliénés. Lors de la création des médecins cantonnaux, en 1842, je fus chargé du service médical des communes rurales des 3 cantons de Metz, et lorsqu'en 1844, M. le Préfet donna mission aux médecins cantonnaux de visiter dans leur famille les aliénés du département, je vis non-seulement les aliénés de ma circonscription, mais encore ceux des cantons de Gorze, de Conflans et de Pange.

Mon attention fut naturellement appelée sur ce sujet

d'étude qui me parut intéressant. En effet, chercher à rendre à un aliéné la raison qu'il a perdue, assurer à une famille la sécurité, lui donner la satisfaction de voir un des siens revenir à la vie commune, sont des problèmes de philanthropie qui méritent toute l'attention du médecin.

Plus tard, comme médecin des hôpitaux civils, chargé de visiter les aliénés mis en observation à Saint-Nicolas, je pus mettre en pratique les connaissances que j'avais acquises dans une étude spéciale des maladies mentales ; je profitai aussi des observations que j'avais recueillies lors des visites que je fis à diverses époques dans des asiles d'aliénés : Bicêtre, la Salpétrière, Charenton, Maréville, Fains, Stephansfeld, Saint-Yon et autres établissements en Angleterre, en Allemagne.

Si je me permets d'appeler l'attention de M. le Préfet et de MM. les Membres du Conseil général sur la statistique que j'ai donnée en 1861 comme résultat du traitement des aliénés à l'hospice Saint-Nicolas, c'est que ces chiffres correspondent complètement à ceux que fournissent les statistiques générales pour les guérisons d'aliénés obtenues en France, pendant une longue période d'années, dans les asiles les mieux organisés.

Il me semble que la loi de 1838 a été fort sage en établissant (art. Ier) que chaque département aurait un asile pour ses aliénés. Il résulte, pour les départements qui ne possèdent pas d'asile, la nécessité de placer les aliénés dans un grand établissement appartenant à un département voisin. La population s'agglomère dans cet asile, à la satisfaction du département qui le possède, et au détriment de ceux qui sont contraints d'y envoyer leurs aliénés.

Les médecins ne sauraient trop s'élever contre la dis-

position que montre l'administration de certains asiles d'aliénés d'augmenter chaque jour leur population. Il en résulte de graves inconvénients ; car un asile créé pour un certain nombre d'individus, voyant sa population s'augmenter, élève de nouveaux bâtiments pour loger ses nouveaux pensionnaires ; ces constructions surajoutées ne peuvent faire partie d'un tout bien établi à l'avance et répondent souvent très imparfaitement aux besoins du service. De là une mortalité certainement plus considérable, et une diminution dans le nombre des guérisons.

Quand il s'agit de guérir l'aliénation mentale, il est des plus importants de bien connaître le passé de l'aliéné : ses mœurs, ses habitudes, ses préjugés, ses passions, sa conduite dans la vie ordinaire. Comment obtenir ces renseignements si ce n'est près de la famille de ce malheureux ? Si le département avait un asile spécial près de Metz, les familles pourraient facilement s'y rendre, comme cela se pratique dans beaucoup d'asiles, afin d'être interrogées par le médecin traitant. Mais alors il ne faut qu'un nombre limité de malades et éviter les encombrements de 12 à 1500 aliénés.

On me répondra peut-être : mais le bulletin médical qui accompagne l'aliéné contient tous les renseignements utiles. A ce sujet je puis faire une réflexion que suggère l'expérience.

Quand le médecin appelle les familles à Saint-Nicolas pour donner des renseignements, elles sont généralement plus préoccupées de savoir si elles ne seront pas forcées de reprendre l'aliéné, si elles ne devront pas payer plus qu'elles ne peuvent, ou ne veulent, pour le prix de la pension, que de donner des détails circonstanciés et véridiques. Il est facile de constater que leurs réticences sont un calcul. L'aliéné une fois placé à l'asile, sa famille serait plus explicite, et le médecin ne serait pas obligé de lui arracher les paroles, sans être même certain d'avoir obtenu la vérité.

Actuellement l'observation médicale faite à l'hospice Saint-Nicolas n'est plus ce qu'elle était autrefois. Il ne faudrait point comparer les résultats de cette observation avec les chiffres fournis dans ma note de 1861, car depuis quelques années il n'est plus permis, comme autrefois, aux médecins des hospices, de soumettre les aliénés à un traitement régulier ; ils ne peuvent plus demander, de quinze jours en quinze jours, de nouvelles prolongations : il leur a été recommandé de garder les aliénés le moins longtemps possible en observation.

La circulaire ministérielle du 15 janvier 1866, relative à l'exécution de la loi du 30 juin 1838, sur les aliénés, contient un passage qui doit désormais servir de règle absolue aux médecins : « Je désire, dit Son Excellence le Ministre de l'intérieur, que, dans aucun cas, leur séjour (des aliénés dans les hospices) ne puisse se prolonger au-delà de quinze jours. » Ainsi, Messieurs, le rôle des médecins des hospices de Metz est singulièrement modifié. Pendant de longues années le temps consacré à l'observation médicale des aliénés était de plus utilisé par un traitement, et c'est alors que nous fûmes assez heureux pour rassembler les éléments de la statistique contenue dans ma note de 1861 ; résultats satisfaisants, puisque, dans une période de cinq années, sur 131 aliénés, 45 furent rendus à leurs familles.

Il résulte des statistiques médicales publiées tout récemment qu'en général, dans nos asiles les mieux organisés, on ne guérit qu'un tiers des aliénés mis en traitement.

On ne peut que difficilement oublier les conditions diverses dans lesquelles se sont trouvés certains asiles d'aliénés. Lorsqu'on voulut donner à ces asiles une plus grande extension, jamais les pensionnaires n'étaient assez nombreux. L'administration, s'appuyant sur des décisions ministérielles, réclamait contre ce qu'elle appelait des abus. Elle voulait que les aliénés fussent dirigés promptement sur l'asile, ne devant point séjourner longtemps dans les hospices départementaux, surtout les idiots qui, d'après la loi de 1838, sont considérés comme aliénés.

Alors il est résulté de ces réclamations diverses un accroissement considérable de population, et les malheureux idiots qui, durant un certain temps, semblaient ne pouvoir être tolérés dans nos hospices, y demeurent aujourd'hui que Maréville n'a plus la place suffisante pour les recevoir. Je crois donc que notre département doit avoir pour ses aliénés un asile spécial.

Quand, dans ma communication de 1861, je proposais Gorze, j'avais prévu de nombreuses difficultés. Je savais que les remblais, les murs de soutènement nécessaires pour y élever convenablement les diverses constructions, auraient entraîné des dépenses considérables qu'on peut éviter en choisissant un terrain horizontal. Mais je voyais l'économie qui résultait de profiter de bâtiments existants ainsi que la diminution des frais généraux, le dépôt pouvant rester sous la même direction.

Cependant un terrain très accidenté n'est pas un obstacle absolu ; je citerai l'asile de Maréville où des constructions importantes ont été faites sur un terrain dont la pente égale presque celle de Gorze, et je me rappelle qu'il y a cinq ou six ans, pendant que je visitais Maréville, un orage considérable forma tout à coup de petits torrents qui ravinaient le terrain séparant un bâtiment de son voisin.

Deux savants aliénistes ont beaucoup insisté sur l'importance du choix de l'emplacement le plus convenable pour élever un hospice d'aliénés. Scipion Pinel veut qu'il soit placé sur une petite élévation et que surtout il ne soit pas dominé par un voisinage importun; il veut que la vue de l'aliéné puisse se promener sur les campagnes environnantes ; « leur aspect, dit-il, soutient l'espérance du malade et donne un air de liberté à sa réclusion. »

Ferrus n'est pas moins explicite lorsqu'il établit que « le choix du lieu est de la plus haute importance : tous les autres avantages seraient nuls si l'établissement ne jouissait, comme celui de Bicêtre, d'une vue agréable qui écarte, autant que possible, de l'esprit du malade, l'idée de prison. »

Si Gorze, qui offre des difficultés considérables, devait être écarté, comme je suis persuadé des grands avantages pour le département d'avoir son asile d'aliénés, je me permettrais d'indiquer à Monsieur le Préfet, pour être soumis à une étude, un emplacement des plus favorables pour cette création.

C'est une belle propriété où se trouve un vaste château, bien bâti, dans lequel, avec très peu de frais d'appropriation, on peut installer l'administration centrale, les services généraux, le logement du médecin-directeur, du pharmacien, des internes, des religieuses si on le veut. Ce qui surtout est extrêmement avantageux et facile à organiser, c'est de profiter, pour le service du culte de l'asile, de l'église du petit village voisin, et qu'un simple mur sépare d'une dépendance du domaine. Je veux parler du château de Puxe.

Située à 32 kilomètres de Metz, cette propriété va être reliée par un chemin de fer avec le chef-lieu du département, car la gare de Jeandelize en sera distante d'un kilomètre seulement.

J'ai visité le château et ses dépendances avec la plus minutieuse attention, et je puis affirmer qu'il réunit tous les avantages demandés pour la destination que j'ai l'honneur de vous proposer.

Le château, situé sur un point culminant, domine une vaste prairie arrosée par l'Orne, petite rivière qui coule au pied d'une terrasse formée par la nature et d'où la vue est délicieuse.

Il y a de l'eau potable en quantité suffisante dans les terrains qui dépendent du château, et la rivière peut fournir les eaux nécessaires pour les bains, les douches, les lavages, les lessives, etc.

Le parc est entouré de murs qui sont généralement bons ; il a de très beaux ombrages. La terrasse est plantée d'arbres magnifiques, et des arbres verts soutiennent le terrain à pic qui la sépare du chemin longeant la rivière et le moulin.

Dans la propriété se trouve un vaste potager où devraient s'élever les bâtiments nécessaires pour les locaux occupés par les aliénés. Il suffirait d'anticiper sur le parc, de renverser quelques plantations ; et sans masquer en rien la façade principale du château, on peut relier ces nouvelles constructions avec son aile sud ; ce qui est nécessaire, puisque tous les bâtiments doivent être en facile communication.

Là existe l'emplacement suffisant pour construire les salles spéciales nécessaires aux diverses catégories d'aliénés, en laissant entre ces constructions un espace convenable de terrain pour les cours et les promenoirs qui devront être plantés d'arbres.

Il restera même, au sud de ces constructions actuellement indispensables pour loger les 360 aliénés environ de la Moselle, un terrain bien suffisant aussi pour doubler, si on le veut, le nombre des malades, au moyen de constructions nouvelles, si le département des Ardennes, par exemple, qui n'a pas d'asile, était disposé à y diriger ses aliénés.

J'ai dit que Puxe est approvisionné d'eau potable. Dans le domaine se trouve une source bien connue, appelée Saint-Étienne, et qui, d'après une tradition populaire, guérit les malades atteints de la fièvre. Cette source ne tarit jamais ; et certes, si pendant le mois d'août de cette année, il y a suffisamment d'eau, on peut être rassuré pour l'avenir. Il suffit, du reste, de voir l'humidité du sol qui environne la fontaine, quand tout est si sec dans la campagne, pour reconnaître qu'en captant avec soin cette source on peut singulièrement augmenter la quantité d'eau qu'elle fournit actuellement.

Il y a aussi, en avant du château, un puits dont l'eau est excellente, et qui sert à abreuver les chevaux du village. Il se trouve encore dans le parc une pièce d'eau qui n'est jamais à sec. Ces renseignements doivent convaincre que jamais l'eau ne fera défaut.

L'analyse chimique démontre que l'eau de la fontaine Saint-Étienne et celle du puits sont toutes deux des eaux potables ; qu'elles proviennent de la même couche de terrain, de même composition géologique.

Un de nos savants chimistes, M. Gury, pharmacien, qui a déjà fait l'analyse des eaux d'un grand nombre de localités de la Moselle, a bien voulu m'accompagner à Puxe pour y prendre lui-même de l'eau, en constater la température, etc., etc.

Son analyse chimique a donné des résultats favorables [1].

Puits dans la cour du château, à droite. — Ce puits ne tarit jamais, l'eau en est limpide, agréable à boire ; sa température est $12^c,5$; le nitrate d'argent y indique la présence de chlorure ; l'oxalate d'am-

Ainsi donc, Puxe possède ces éléments précieux, toujours indispensables pour un établissement hospitalier : un air pur, vivifiant ; des eaux abondantes et de bonne qualité. Aussi n'y connaît-on pas la scrofule, le goître,

moniaque la trouble sensiblement ; le chlorure de Baryum précipite très faiblement et l'ammoniaque la trouble à peine ; la dissolution de savon n'y forme pas de grumeaux ; son titre hydrotimétrique est 29, c'est-à-dire qu'elle neutralise par litre 2 gr. 90 de savon.

Un litre d'eau contient :

Acide carbonique.	35cc
Carbonate de chaux . . .	0g,175
Sulfate de chaux.	0g,042
Chlorure de magnésium.	0g,030
Total. . .	0g,247

Cette eau est de très bonne qualité et propre à tous les usages.

Fontaine Saint-Étienne au pied du talus bordant le parc au nord. — Eau limpide, d'une saveur agréable ; température 12 degrés centigrades ; les réactifs y indiquent la présence du chlore et de l'acide sulfurique ; l'oxalate d'ammoniaque y montre la chaux en assez forte proportion ; il n'y a pas sensiblement de matières organiques ; son titre hydrotimétrique est 35.

Un litre de cette eau contient :

Acide carbonique.	0,0165
Carbonate de chaux. . .	0g,231
Sulfate de chaux.	0g,021
Chlorure de magnésium.	0g,068
Total. . .	0g,320

L'eau de la fontaine Saint-Étienne, sans être aussi pure que celle des sources de la rive gauche de la Moselle, comme Gorze, Scy, Lessy et Montvaux, est cependant une eau de bonne qualité comme boisson ; elle a sensiblement la même valeur que celle des puits de la caserne du génie à Metz. Les puits de Longeville, de Devant-lès-Ponts et de la place de France, au Fort, donnent de l'eau d'une composition à peu près analogue ; elle ne vaut cependant pas l'eau du puits de la cour, étant plus calcaire.

Citerne. — Près de la maison du jardinier, une citerne étroite, d'une les fièvres intermittentes, etc. Il réunit des conditions hygiéniques excellentes.

La cour qui précède le château peut avoir la porterie à gauche, au sud, et l'église à droite, au nord. J'ai déjà dit qu'un mur seul sépare l'église d'une vaste bûcherie, sous laquelle se trouve une cave magnifique. Cette dé-

profondeur de vingt mètres, reçoit les eaux pluviales d'une partie des toitures. L'eau est limpide, inodore ; sa saveur est fade, mais sans mauvais goût ; sa température à la surface $=$ 17°,5 ; son titre hydrotimétrique est 8 ; les réactifs y indiquent la présence d'une très faible quantité de sels de chaux ; les chlorures et les sulfates y sont à peine sensibles ; il y a une tracé de matières organiques.

Pièce d'eau du parc. — A la partie sud du parc, une dépression d'une certaine étendue reçoit les eaux pluviales dans un bassin argileux et y forme une pièce d'eau; le 18 août la température de cette eau était de 18 degrés centig. Son titre hydrotimétrique 13 ; les réactifs y indiquent la présence d'une faible quantité de carbonate de chaux, l'absence presque complète des chlorures et des sulfates. La végétation luxuriante développée dans la pièce d'eau lui communique une saveur marécageuse ; il est impossible de s'en servir pour boisson, mais elle est précieuse pour le savonnage.

Orne. — Au 18 août, après un été d'une sécheresse exceptionnelle, les eaux sont peu abondantes, mais suffisantes cependant pour faire marcher les roues du moulin de Puxe chaque deux jours. Le lit de la rivière est envahi par la végétation. L'eau, bien que limpide, contient des matières organiques en suspension, sa saveur est fade et marécageuse, sa température est 22°,5 ; les réactifs indiquent la présence d'une faible quantité de sels de chaux, un peu de sulfates, très peu de chlorures. — Les matières organiques y sont abondantes. — Le savon s'y dissout parfaitement. Son titre hydrotimétrique est 18.

Un litre contient :

Acide carbonique.	15cc
Carbonate de chaux . . .	0g,072
Sulfate de chaux	0g,042
Chlorure de magnésium.	0g,045
Total. . .	0g,159

pendance peut être facilement, et presque sans frais, disposée pour le culte ; il suffirait d'établir un arceau ou ouverture garnie d'une grille qui séparerait les paroissiens de la commune de ceux de l'asile, pour que l'exercice du culte fût commun. De là une économie pour l'asile et un avantage précieux pour les habitants de Puxe, puisque la chapelle vicariale, desservie actuellement par le curé de Jeandelize, deviendrait une succursale, et que le traitement du curé pourrait être supporté dans des proportions déterminées par l'administration supérieure, par la caisse de l'asile et par celle de la commune.

Le logement du médecin-directeur, des pharmaciens, de l'économe, les bureaux, la pharmacie, peuvent trouver place dans le château. La cuisine, la boulangerie, la laiterie, la lingerie, la buanderie sont toutes créées ; tout cela est déjà fait et bien installé. Il y a des caves très vastes qui peuvent contenir le vin, les légumes ; des greniers où sont établis des séchoirs, etc. De plus on trouve des écuries, une vacherie, une porcherie. Il ne faut donc construire que les locaux spéciaux pour les aliénés, séparer soigneusement les bâtiments destinés à chaque sexe, et se guider dans l'édification des divers pavillons répondant aux diverses catégories d'aliénés, par les règles que recommande aujourd'hui l'immense majorité des aliénistes.

Il serait même possible, je crois, de disposer le bâtiment destiné à chaque catégorie, de façon à pouvoir momentanément être divisé et servir, si on le voulait actuellement, pour deux catégories d'aliénés.

Si plus tard cet asile devait prendre un grand développement, en élevant de nouveaux bâtiments, chaque pavillon serait alors seulement destiné à une seule et même catégorie. Les séparations des dortoirs, des cours seraient seules à enlever.

Les divers pavillons seraient séparés par des promenoirs avec plantations d'arbres, par des préaux parfaitement aérés ; ils seraient réunis cependant par une galerie couverte qui faciliterait en toute saison les communications avec le centre de l'administration, et qui permettrait aux aliénés de se promener à couvert par le froid comme par la pluie.

Il serait très facile aussi de disposer dans le château même des appartements convenables pour des pensionnaires. Pourquoi ne pas créer, dans les vastes greniers qui existent, des logements pour les employés ; utiliser l'espace considérable où se trouve actuellement un séchoir devenu presqu'inutile depuis l'invention des séchoirs à air ? Les aliénés pensionnaires ne seraient point dans les mêmes bâtiments que les autres aliénés : conditions favorables pour déterminer les familles riches à y placer ceux de leurs membres qui ont perdu la raison.

Vous savez aussi, Messieurs, combien le travail est un aide puissant dans la cure de l'aliénation mentale, et je puis dire surtout le travail des champs.

Aujourd'hui, à chaque asile d'aliénés, sont attachées des terres que ces malheureux cultivent avec grand succès, et pour leur guérison, et pour le budget de l'établissement. Je ne puis ici énumérer tous les avantages de cette heureuse combinaison, je serais entraîné dans de trop longs détails. Il me suffit de pouvoir affirmer que les bénéfices sont grands, la main-d'œuvre ne coûtant absolument rien.

Beaucoup de médecins aliénistes conseillent, au lieu d'asiles tels qu'ils sont organisés aujourd'hui, des colonies agricoles ; mais le système mixte répondant aux deux indications est presqu'exclusivement adopté.

Au midi et à l'ouest du château se trouvent des terres qui, dominant le parc, devraient être achetées, car il est de toute nécessité que personne n'ait vue sur l'asile.

La pièce du midi contient 10 hectares et celle de l'ouest n'en contient que 4 environ. Ces 14 hectares de terre seraient suffisants pour utiliser les engrais de l'asile, fournir des légumes, établir des prairies artificielles, etc., etc.

Le pré, nommé Noir-Pré, contenant 4 hectares et demi, serait aussi indispensable, car il faut des vaches dans un asile pour avoir du lait en quantité suffisante, comme aussi il faut une vaste porcherie afin que tout soit utilisé. J'ai déjà dit que la vacherie et la porcherie se trouvent dans des bâtiments séparés.

Le pré est longé au sud par un bois[1] de peu d'étendue qui, étant exploité par les aliénés, rendrait moins cher le chauffage des appartements.

On comprend que les produits d'une ferme attachée à un asile doivent être considérables ; les engrais ne coûtant rien, la main-d'œuvre pas davantage, comment ne résulterait-il pas de cette culture de nombreux bénéfices ?

Je vous demande pardon, Messieurs, d'avoir été obligé, pour remplir le but que je m'étais proposé depuis longtemps, d'entrer dans des détails si nombreux, si circonstanciés. Mais je voulais faire ressortir combien il est utile à notre département de posséder un asile pour ses aliénés ; je voulais aussi, en m'appuyant sur l'autorité d'hommes compétents, démontrer qu'un établissement

---

[1] Les propriétaires sont disposés à détacher au besoin du domaine de Puxe, actuellement en vente, le château et les terres désignés dans ce travail.

de ce genre, ayant une population de 300 individus, peut, avec un prix de journée de plus d'un franc, réaliser des économies notables. Je ne sais si j'ai réussi ; du moins j'aurai étudié une question dont la solution est éminemment utile : j'aurai cherché, tout en voulant alléger le budget départemental, à améliorer le sort de malheureux dignes d'intérêt et de pitié.

Veuillez agréer,

Messieurs,

l'expression des sentiments respectueux de votre très humble serviteur.

WARIN.

Metz, le 22 août 1868.

www.ingramcontent.com/pod-product-compliance
Lightning Source LLC
Chambersburg PA
CBHW050437210326
41520CB00019B/5967